了不起！中国车

中央广播电视总台《超级工程Ⅱ》节目组 著

童趣出版有限公司编　人民邮电出版社出版

北　京

图书在版编目（CIP）数据

了不起！中国车 / 中央广播电视总台《超级工程II》节目组著；童趣出版有限公司编. -- 北京 : 人民邮电出版社, 2024.2
ISBN 978-7-115-63161-9

Ⅰ. ①了⋯ Ⅱ. ①中⋯ ②童⋯ Ⅲ. ①高速列车－中国－儿童读物 Ⅳ. ①U292.91-49

中国国家版本馆CIP数据核字(2023)第224057号

责任编辑：段亚珍
执行编辑：王雨晴
责任印制：李晓敏
美术编辑：张靖佳　穆　易

编　　　：	童趣出版有限公司
出　　版：	人民邮电出版社
地　　址：	北京市丰台区成寿寺路 11 号邮电出版大厦（100164）
网　　址：	www.childrenfun.com.cn

读者热线：010-81054177
经销电话：010-81054121

印　　刷：北京华联印刷有限公司
开　　本：889×1194　1/12
印　　张：3
字　　数：60 千字
版　　次：2024 年 2 月第 1 版　2024 年 6 月第 2 次印刷
书　　号：ISBN 978-7-115-63161-9
定　　价：39.80 元

版权所有，侵权必究。如发现质量问题，请直接联系读者服务部：010-81054177。

写给小小工程师的话

小小工程师：

  你好！

  我们是中央广播电视总台《超级工程Ⅱ》节目组的叔叔、阿姨。在节目中，我们介绍了中国一些著名的公路、大桥、港口和火车，它们都是了不起的中国工程！我们还想带你更近距离地去观察、了解和感受这些工程中蕴含的科技力量以及中国工程师了不起的智慧。于是我们和出版社的老师一起出版了这套介绍"超级工程"的儿童科普图画书，分别为《了不起！中国路》《了不起！中国桥》《了不起！中国港》和《了不起！中国车》。在书中，你能见到穿山越岭的高速公路，能踏上凌驾碧波的跨海大桥，能身临智能高效的"无人港口"，能体验风驰电掣的高速列车……

  读完这套书，你不仅可以增加对这些"超级工程"的了解，还能学到很多历史、地理、物理等领域的知识，接触到最前沿的科学技术。除此之外，你还会在书中读到一代代中国工程师直面挑战、克服困难的故事，并从中汲取力量、不断前进。相信未来的你也可以成为一名了不起的工程师！加油！

中央广播电视总台《超级工程Ⅱ》节目组

鸣 谢

丛书顾问：

李　炳　中央广播电视总台《超级工程Ⅱ》纪录片总导演

罗庆中　中国铁道科学研究院集团有限公司副总经理

马永红　桥梁建设报社编辑部主任、主任记者　科普作家

田永强　中铁大桥局集团有限公司高级工程师

王玉红　中交第一航务工程勘察设计院有限公司正高级工程师

王泽宁　北京市市政工程设计研究总院有限公司高级工程师

许成汉　交通运输部科学研究院高级工程师

杨　柳　中交公路规划设计院有限公司正高级工程师

袁立莎　中交第一航务工程勘察设计院有限公司正高级工程师

周红萍　交通运输部科学研究院高级工程师

周外男　中铁大桥局集团有限公司副总工程师、正高级工程师　享受国务院政府特殊津贴专家

周　伟　中国铁道博物馆正阳门展馆副馆长

项目组成员：　韩　淼　黄　芳　李卓倧　马行月　孙铭慧　王敬栋
　　　　　　　　王雨晴　魏　群　阎晓慧　张靖佳　左玉齐

（以上人名按姓氏音序排列）

探秘"超级工程"

扫描二维码,听两个小主播讲趣味科普。

车，连接了城市

从早期烧煤的蒸汽机车，到烧油的内燃机车，再到电力时代的高速列车，列车的速度越来越快，运输能力也越来越强。忙忙碌碌的它们穿行在祖国广袤的大地上，把一个个城市紧密地连接起来。

列车
一般指配有机车、列车乘务员和规定标志的连挂成列的火车。

高速列车
能持续高速运行的列车，行驶速度一般要达到200千米/时以上。

前进！前进！蒸汽机车时代

快看！那个冒着"白烟"跑过来的大家伙就是"前进型"蒸汽机车。它诞生于1956年，是中国工程师设计并制造出来的大功率蒸汽机车。它靠烧煤产生动力，有5对动轮，所以力气大、运输能力强。中国总共生产了4708台蒸汽机车，它们是建设新中国的"大功臣"！

蒸汽机车的前部有一个大大的蒸汽机，它是蒸汽机车前进的动力源泉！

导轮： 蒸汽机车行驶时，它牢牢地抓住轨道，确保蒸汽机车沿着轨道前行，防止蒸汽机车脱轨。

动轮： 它像自行车的后轮，动力让它转动起来。动轮转得越快，蒸汽机车跑得越快；动轮越多，蒸汽机车的力量越大。

蒸汽机车是怎么跑起来的？

你见过燃气灶上正在烧水的水壶吗？水沸腾时，壶盖会被水蒸气顶得跳动起来，砰砰作响。蒸汽机车的蒸汽机就是利用这种原理进行工作的。

烧煤加热锅炉里的水，水沸腾产生蒸汽。蒸汽进入汽包产生高压蒸汽。

高压蒸汽溢出，推动气缸鞲鞴（gōu bèi），也就是活塞。

活塞来回运动，带动动轮旋转，蒸汽机车就跑起来了。

"火车"名字的由来

早期的蒸汽机车跑起来时，烟筒里会冒出大量黑烟和火光，看上去就像着火了一样，于是人们就管它叫"火车"了。

瞧一瞧，驾驶室

驾驶室不在最前面？

蒸汽机车的驾驶室在燃烧室和煤水车中间。这样方便司炉将煤及时添进燃烧室。

司机如何看清前方路况？

驾驶室的正前方是一扇小小的窗户——前窗。司机想要看清楚前方路况，除了从前窗看，还得时不时地从侧窗探出身去观望。

东风吹，战鼓擂！内燃机车时代

"呜——呜——"火车进站了！它们是我国自主研发的电传动干线内燃机车——"东风4型"内燃机车。为什么叫内燃机车呢？因为它是靠着内燃机跑起来的。和蒸汽机不同，内燃机烧的是油，内燃机车体量小、动力大、跑得更快！

神奇的内燃机工作原理

空气看不见、摸不着，但它实际上由许多叫作"分子"的小家伙组成，它们总是自由自在地跑来跑去。如果它们的活动空间被挤压，就会相互碰撞发热。看起来复杂的内燃机使用的就是这个工作原理。

活塞向上，压缩空气，空气变得滚烫。

"东风 4 型"内燃机车不再像蒸汽机车那样黑乎乎的,而是有着鲜艳独特的颜色。车迷还给它们起了许多可爱的名字。

东风 4 — 小西瓜
东风 4B — 小橘子
东风 4C — 蓝猫
东风 4D — 花老虎

小小工程师

实验小课堂

小小工程师,在给你的小皮球打气时,要不停地按压打气筒。你可以小心地摸一摸打气筒的下半部分,那里会微微有些发热。这是因为打气筒下半部分的空气被压缩,产生了热量。那么,按压打气筒使其下半部分发热和内燃机活塞推动空气发热,是不是同一个原理呢?

是　　不是

喷油嘴向滚烫的空气喷柴油,瞬间点燃柴油油雾。

被点燃的柴油油雾对外做功,使劲把活塞向下压。

活塞带动曲柄连杆,向外传递能量,一直传到车轮。

韶山初见星星火！电力机车时代

　　这台插着彩旗、戴着鲜花的机车，就是我国自主设计制造的第一代电力机车——"韶山1型"电力机车。我国铁路技术研究人员经过不懈努力，无数次攻克难关，多次进行重大改进，才制造出了"韶山1型"电力机车。它开启了中国铁路的电力时代。

　　电力机车不再烧煤、烧油，而是靠电力驱动。它的动力再一次提升，跑得更快，力量更大，而且更环保。那么，"韶山1型"电力机车的电力从哪里来呢？

揭秘！
电力机车的电力竟然来自"脑瓜儿顶"！

接触网——插座
接触网就像是为电力机车通电的插座，时刻提供电力。但它和家用插座可不一样，接触网是一路跟轨道配合的电网，轨道有多长，接触网就有多长，随时为电力机车提供电力。

受电弓——插头
受电弓就像是电力机车的插头一样，和插座（接触网）连接，为电力机车不间断地输送电力。

主断路器——开关
主断路器就像灯的开关一样，是电力机车电路连接和断开的总开关，安装在电力机车的车顶。在电力机车停止运行时，把主断路器关掉，整个电力机车就没电了。这时按下降弓按钮，受电弓就会缓缓折叠落下。

爬坡大较量——电力机车VS蒸汽机车

当"韶山型"电力机车和"前进型"蒸汽机车同时爬坡度相同的山坡时，力气更大的电力机车总能超过蒸汽机车，不仅能率先到达终点，还能拉更多的货物哟。

中华民族伟大复兴的中国梦！"复兴号"

现在，说到坐高速列车，大家最常乘坐的应该就是"和谐号"动车组（下文简称"和谐号"）和"复兴号"动车组（下文简称"复兴号"）了。在制造"和谐号"时，我们还需要来自不同国家的技术支持，而"复兴号"则完全是我们自主研发制造出来的中国标准动车组。"复兴号"的成功研制标志着中国标准动车组达到了世界先进水平。

动车组是什么？

把两节或两节以上动车（自带动力）与若干节拖车（不带动力）编在一起的列车，运行速度比普通列车快。

"复兴号"为什么那么厉害？

1 创新的"飞龙"设计

列车在高速运行时，前面会产生巨大的"风墙"，"复兴号"能够跑得快，和它的"头型"设计有很大的关系。工程师反复研究各种"头型"，最终采取了独特的"流线型"设计，不仅好看，还能减少空气阻力。它有一个响亮的名字——飞龙。

2 在"风洞"里做实验

设计出的车头是否能以最小阻力穿透"风墙"，还得在拥有三个大风扇的"风洞"里进行模拟实验。将等比例缩小的列车模型放在"风洞"里进行实验，巨大的风扇"吹"起强风，就好像列车在飞速行驶一样。通过实验，工程师可以及时发现问题并调整设计，只有符合要求的设计，才能正式投入制造。

3 强大的核心技术——IGBT

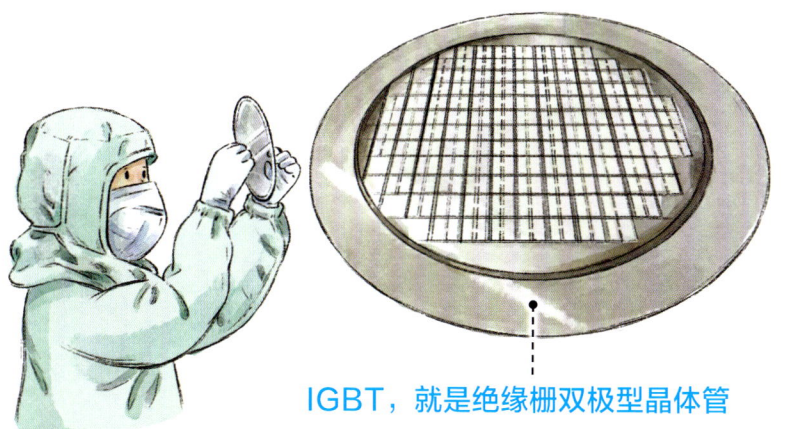

IGBT，就是绝缘栅双极型晶体管

IGBT就像是高速列车的心脏，它的制造技术是高速列车的核心技术。它可以1秒"跳动"几百次，不停地进行交、直流电的转换，为高速列车提供可靠稳定的变频大电流和高电压的电能。2017年6月，我国的"复兴号"开始使用自己制造的"心脏"。

11

雪原上的"冰凤凰"复兴号高寒动车组

小朋友,你知道零下40摄氏度有多可怕吗?这时的户外环境就像一个大冰箱,一条打湿的毛巾在这种温度下会被瞬间冻成冰坨子,水管里喷出的水会瞬间凝结成冰柱。

然而在这样恶劣的环境中,它不仅能够平稳地在轨道上驰骋,还能达到350千米/时的速度,像极了雪原上翱翔的"冰凤凰"。它就是在京哈铁路上行驶的复兴号高寒动车组。

复兴号高寒动车组的成功研制令世界瞩目。为了达成这项了不起的成就，中国工程师可没少为它下功夫，为它准备了各种"秘密武器"来应对寒冷带来的挑战。让我们一起去看看有哪些"秘密武器"吧！

零下40摄氏度

1 合金材料——防止"冻伤"的绝招儿

在零下40摄氏度的高寒环境中，连坚硬的钢铁都会被冻得变脆以致开裂。工程师经过多轮分析计算和试验，最终选择了一种超级耐低温的合金材料，为"冰凤凰"打造出不惧高寒的强壮"躯体"。

2 疏水涂层——车体凝冰的"克星"

在"冰凤凰"踏上前往雪原的旅途前，工程师会在它的身上涂一层自主研发的疏水涂层。疏水涂层就像"身体乳"一样，有效隔绝水珠和车体的接触，让挂在车体上的水珠滑落，无法凝冰，防止凝冰导致车体的电路系统出现故障。

疏水涂层

制动闸片　制动盘

3 动态除冰——雪天制动的保障

为了防止"冰凤凰"在冰面上打滑、排除积雪对制动闸的影响，制动闸片和制动盘会在"松开"和"抱紧"间来回切换，将积雪抖落，以保证停车时不会打滑。

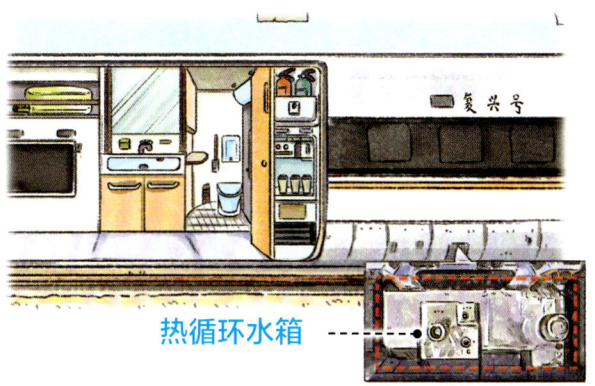

热循环水箱

4 水箱上的"暖宝宝"——乘客用水的保障

列车上都会有水箱，满足车上乘客的用水需求。"冰凤凰"水箱里的水会不会被冻住呢？不用担心，聪明的工程师给它的水箱研制了一种高科技"暖宝宝"，这能让水箱里的水保持在0摄氏度以上。

天路上的"绿巨人"
复兴号高原内电双源动车组

这列绿油油的列车也是"复兴号"家族的一员,它是复兴号高原内电双源动车组,是专门为了在青藏高原上奔跑而设计的,被形象地叫作"绿巨人"。它虽然没有其他"复兴号"跑得快,但能够在零下40摄氏度的高寒地区和平均海拔3000米的高原地区运行。

"绿巨人"开进了青藏高原!

2 缺氧、耳鸣怎么办?

高原缺氧一直困扰着到青藏高原的乘客,为此"绿巨人"的车厢采用弥散式和分布式的供氧机制,既让车厢各处有充足的氧气,又能为个人供氧。此外,列车进入隧道产生的"压力波"会引起乘客耳鸣。"绿巨人"运用调整新风阀门的技术提前调整压力,抵消"压力波"对车厢和人耳膜的冲击,保证了乘客舒适的乘坐体验。

要在青藏高原的铁路上飞驰，可不是一件容易的事情。有的地方崎岖不平，没法架设接触网，没有接触网就没有电力。遇到那些没有电力的路段，"绿巨人"该怎么办呢？不仅如此，"绿巨人"还要面对恶劣的高原环境。来看看"绿巨人"是怎么应对重重困难的吧！

1 没有电力，怎么办？

工程师将两套动力系统分别装在"绿巨人"的两个车头里。当"绿巨人"行驶在有接触网的路段时，电力机车就会提供动力。当"绿巨人"到了没有接触网的路段时，就会由内燃机车提供动力。"绿巨人"是世界上唯一的高原内电双源动车组哟！

3 面对暴晒，怎么办？

青藏高原的阳光十分强烈，不仅会晒伤人们的皮肤，还会晒伤奔跑的列车。为此"绿巨人"可是做足了防晒措施，它身上的油漆、外露的橡胶和塑料件，以及车窗玻璃、车窗卷帘都采用了防晒设计，就像穿了一件严严实实的防晒衣，保护自己和车里的乘客不被晒伤。

智能向未来 京张高铁智能动车组

在你的想象中，智能列车是什么样子的呢？是有翅膀能上天入海？是车厢里有各种各样的娱乐设施，能看电影、打游戏？还是完全不需要人来驾驶……

2019年12月30日，世界上最先进、最智能的高铁"京张高铁"正式运营，这开启了高铁的智能时代；同时，京张高铁智能动车组成了世界上首次实现速度达到350千米/时自动驾驶的智能动车组。让我们一起去看看它到底有多智能吧！

智能动车组大揭秘！

1 可以自动驾驶的智能动车组

在北斗卫星导航系统的帮助下，智能动车组实现了自动驾驶。它到了发车时间会自己启动运行，运行过程中，可以根据线路情况自动调整运行速度，到站时还会和站台门联动，同时自动开门。

2 可以看直播的智能动车组

在我们乘坐其他列车时，手机网络信号不稳定，接收信息慢。但智能动车组采用了4G/5G共模设备，减少乘客的网络信号切换次数，解决了隧道内的信号问题。乘客甚至可以在智能动车组上观看赛事直播。

4 行李搬运机器人

京张高铁沿线车站的行李搬运机器人可不一般,只要你让这个机器人识别一下你的脸,或给它看一看你的身份证,它就知道你要在哪里上车了。这时,你只需要把行李放在机器人身后的筐里,跟着它走就行了。它还会自动躲开来往的行人,可聪明了!

标准涂装"龙凤呈祥"

冬奥主题涂装"瑞雪迎春"

3 5G 超高清演播室

在这列智能动车组的车厢里,有世界上第一个高铁 5G 超高清演播室。在这里,主持人和记者可以在智能动车组运行的过程中,录制节目、进行采访,还可以进行赛事直播,是一个移动的演播室。

让"复兴号"飞驰的 超级轨道

早上,我们在北京的天坛公园晨练后,坐上速度为350千米/时的"复兴号",到了中午就可以去上海的东方明珠广播电视塔欣赏黄浦江的风景了!"复兴号"是不是跑得超级快?其实除了快,它还跑得超级稳。曾经有人把钢镚儿立在了"复兴号"上长达8分钟!这些都离不开超级轨道的支持。

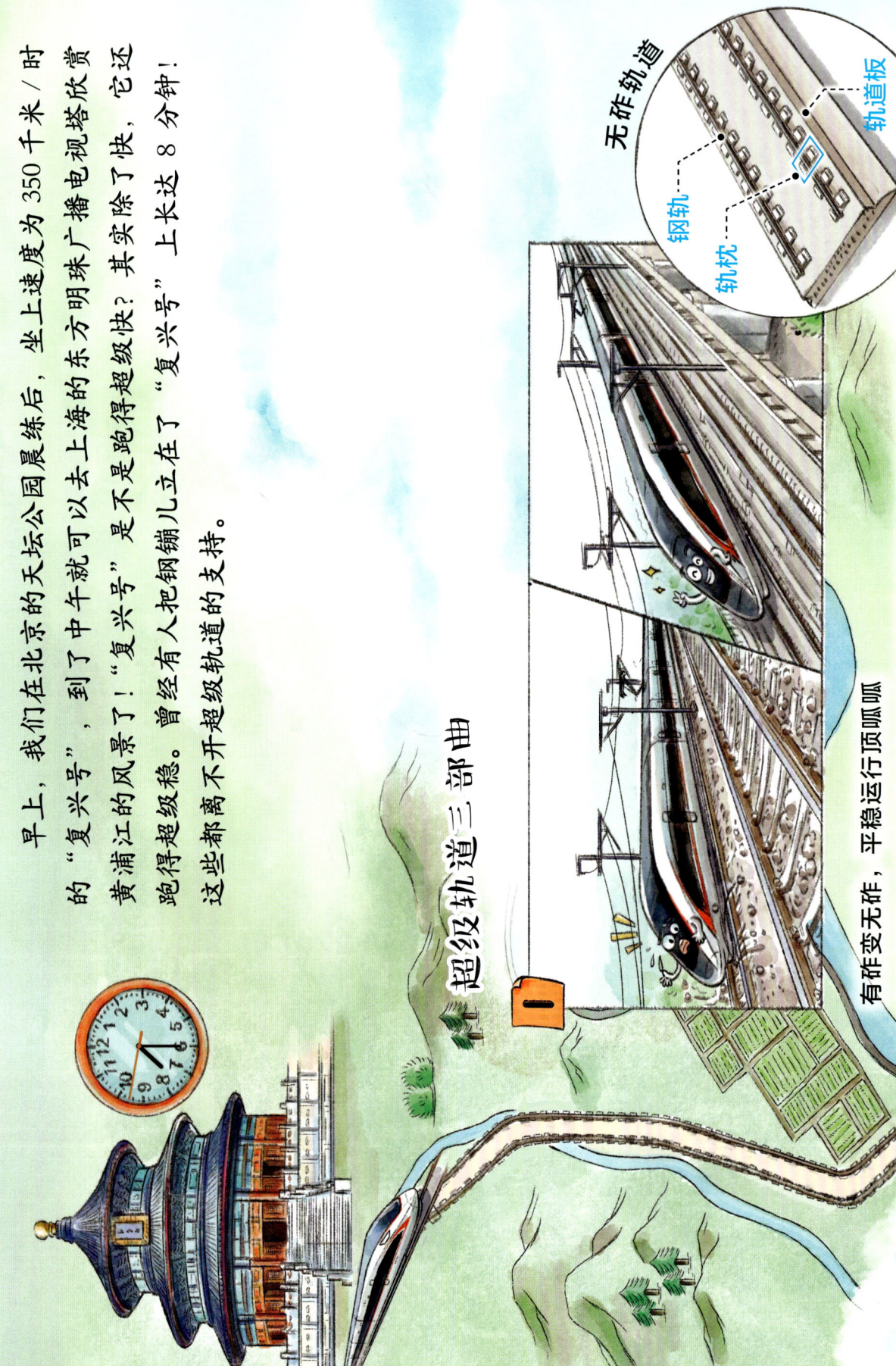

无砟轨道 — 轨道板、钢轨、轨枕

超级轨道三部曲

有砟变无砟,平稳运行顶呱呱

有砟轨道和无砟轨道最大的区别在于钢轨下方有没有铺设石子儿,这里的"砟",就是石子儿的意思。当高速列车提速至350千米/时,有砟轨道不仅会发生严重的变形,还是因为石子儿进溅造成危险事故。所以,高速列车都要在无砟轨道上行驶,无砟轨道不仅稳定安全,还很耐用!

"复制粘贴"的轨道板

无砟轨道的轨道板能帮助钢轨分散高速列车飞驰时产生的巨大重量。看起来长长的轨道其实是由无数块轨道板拼接而成的。虽然每块轨道板都像是复制粘贴出来的一样,但它们都有自己的电子标签"身份证",保证"生命管理",使列车能够在健康的轨道上平稳地高速地运行。

"天衣无缝"的超长钢轨

从北京到上海的京沪高速铁路全长 1318 千米,但它的钢轨看起来没有一丝缝隙,就像一整条。真的会有那么长的钢轨吗?其实没有,工人在焊接基地将 100 米长的钢轨通过闪光焊接技术焊接成 500 米长的钢轨,运往施工地点再焊接成 200 千米至 300 千米长的钢轨。大量百米长的钢轨最终形成了一条超长钢轨,而且是"天衣无缝"的哟!

见证"天衣无缝"的钢轨
扫码观看

为高速铁路做体检的"黄医生"

小朋友入学前需要体检,新的高速铁路通车前也需要"体检"。这时候就要请我们的高速综合检测列车登场了!它负责检查轨道以及列车运行中会使用到的每一样东西,因为涂装是醒目的黄色,就像穿了一件黄色医护服,被形象地称作"黄医生"。

传感器位置　　雷达天线位置

认识"黄医生"

"黄医生"上装载了多种监测设备,有的监测头顶上的接触网状态,有的监测受电弓状态,有的监测线路平顺度,有的监测钢轨状态,有的监测调度系统、信号、车机联控系统。截至2023年,共有16列"黄医生"奔跑在我国的高速铁路上。

"黄医生"会在新建好的铁路上跑几圈，给铁路开一份"体检报告单"。工程师根据"体检报告单"，解决遇到的问题。铁路经过"黄医生"复诊后，确定一点儿问题都没有了，才能正式投入使用。"黄医生"可是乘客生命安全的守护者呀！

 "黄医生"出诊啦

1 电力供应稳不稳定？

"黄医生"的受电弓上有传感器，测试接触网的电力是否能源源不断地、稳定地传递给受电弓。

2 轨道是否平滑？

"黄医生"会以250~350千米/时的速度测试高速铁路的轨道，传感器会记录下轨道的平整度、车轮的磨损程度，以便及时对轨道进行维护。

3 信号接收是否顺畅？

"黄医生"上的工程师通过核对列车和调控中心给出的实时里程数据，来检测信号接收的稳定性。

"复兴号"回家了 高铁的维护

每当夜晚来临,在外飞驰了一天的"复兴号"回到动车运用所(下文简称"动车所")——"复兴号"的"家"。"劳累"了一天的"复兴号",会在这儿舒舒服服地洗上一个澡,享受工作人员精细的体检和保养服务。

"0点之后就没有高速列车运行了?"

"是的,只能买早上6点的车票了。"

揭秘高速列车停运的6小时

1 清洗"复兴号"

晚上,一身灰尘的"复兴号"回到动车所后,要通过一条喷着水的带有旋转毛刷的通道进行整体清洗,细节部位的清洁则是由人工完成的。这和我们的自动洗车房很像,就是长了很多。

2 50多万个零件的检查维护

清洗完"复兴号"后,工作人员便会对车体、转向架、牵引传动与控制系统、制动装置、车辆内部设备、驾驶室设备、列车控制网络信息系统等进行仔细的检查。50多万个大大小小的零件都要检查维修到位,真是一项非常庞大的工程!

与此同时,一群戴着头灯的"高铁线路卫士"在漆黑的夜里开始工作,他们身背10多千克重的设备,沿着铁路线路徒步数千米,仔细检查轨道上的每一枚螺钉是否牢固,清除轨道内的杂物。他们持之以恒的坚守,成为中国高铁飞驰的保障。

3 每人走1万多步的轨道检测

"高铁线路卫士"开始给轨道"体检"了,他们每人都会在轨道间走1万多步,反复弯腰300余次,至少要触摸400枚螺钉,认真擦拭40多个轨道设备,以确保轨道能让列车平稳安全地运行。

4 出发前的空车测试

大约每天早上5点,在一切"体检"结束后,动车所会发出一班没有乘客的列车,进行空车测试,再次确认线路是否安全。一切正常后,"复兴号"才会搭载乘客,精神抖擞地出发!

"超级大脑" 铁路运输调度指挥中心

一列列列车载着乘客在密集的铁路线上飞速行驶,在列车安全、正点、有秩序运行的背后,是一个"超级大脑"在精准地指挥着它们。这个"超级大脑"就是铁路运输调度指挥中心。

这里每一名调度员,每天要工作12小时,时刻盯着屏幕上的运行线,一天要盯控900多列次列车的运行安全,拟发和发布调度命令100多条,接听和拨打调度电话300余次……

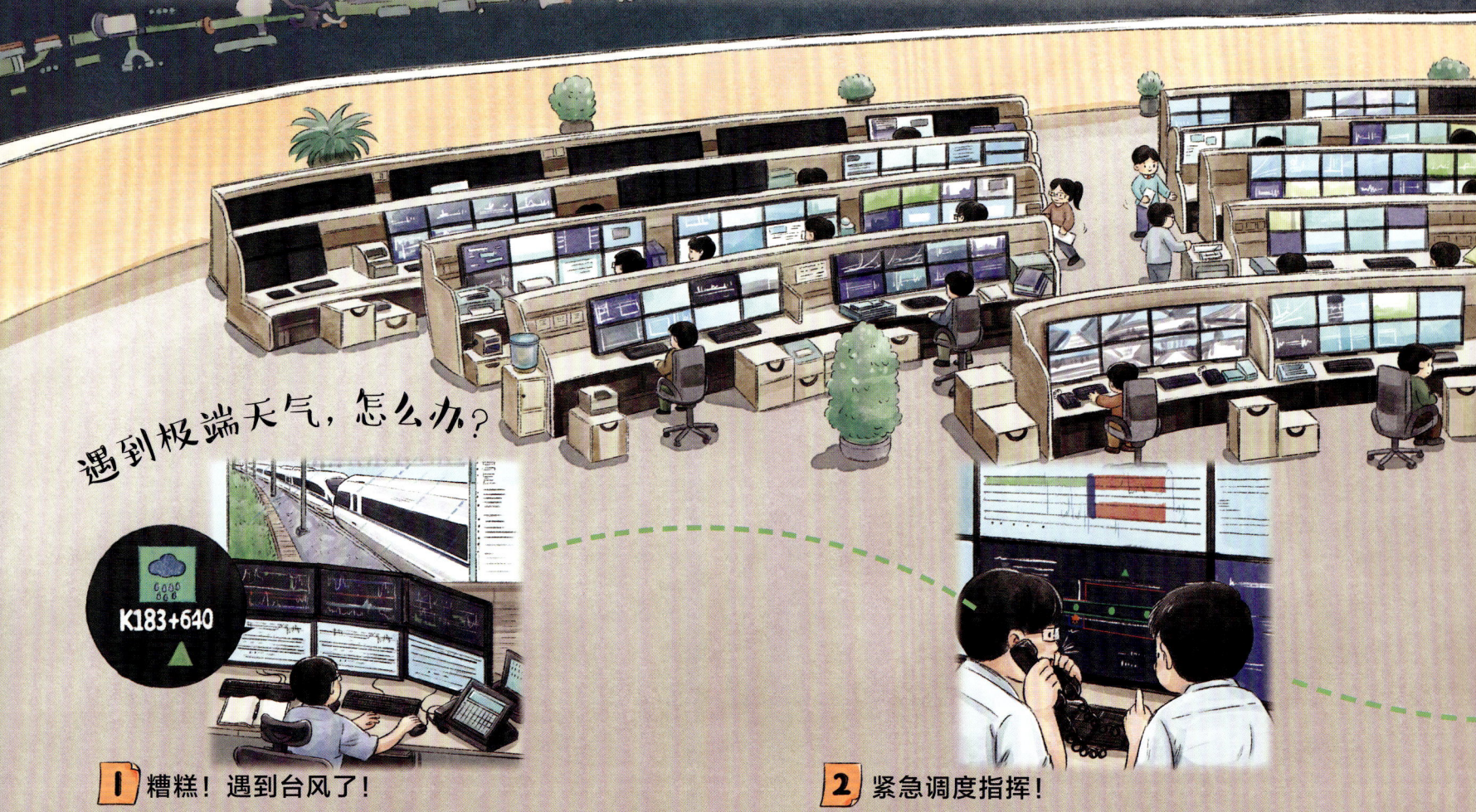

遇到极端天气,怎么办?

1 糟糕!遇到台风了!

台风来了!列车上的报警系统疯狂作响,强制列车停了下来,躲避台风风险。调度员在报警响起3秒内将"列车限速200千米/时运行"的调度命令发至即将进入风区的6列列车,并提示司机注意安全运行。

2 紧急调度指挥!

调度员迅速根据当地的风速及雨量监测情况,发送不同的调度命令,重新安排好其他列车的运行速度、进站时间等方案。待天气情况达到列车能够正常行驶的标准,再迅速指挥司机重新按照正常情况运行。

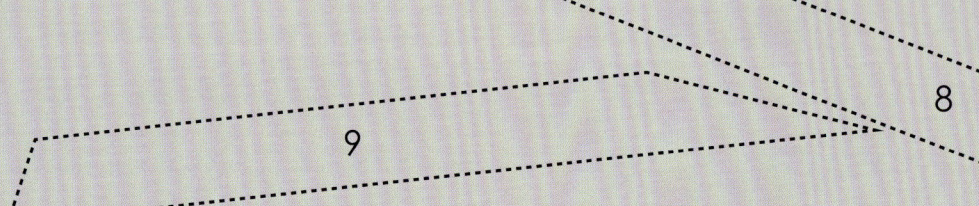

小小工程师 DIY 我的"超级工程"

看了那么多的列车,快来动手试一试吧!做一列自己的"复兴号"!

第2步

拿起"复兴号"零件,按照虚线一一折叠。将有相同标号的零件"1""2""3""4"重叠粘好。注意,在黑色虚线围起的粘贴位上涂上胶水。

第1步

沿轮廓线将零件一一取下来。

第3步

在第26、27页的"5"和"6"粘贴位上涂上胶水,与"复兴号"零件的"5"和"6"按照相同标号重叠粘好。

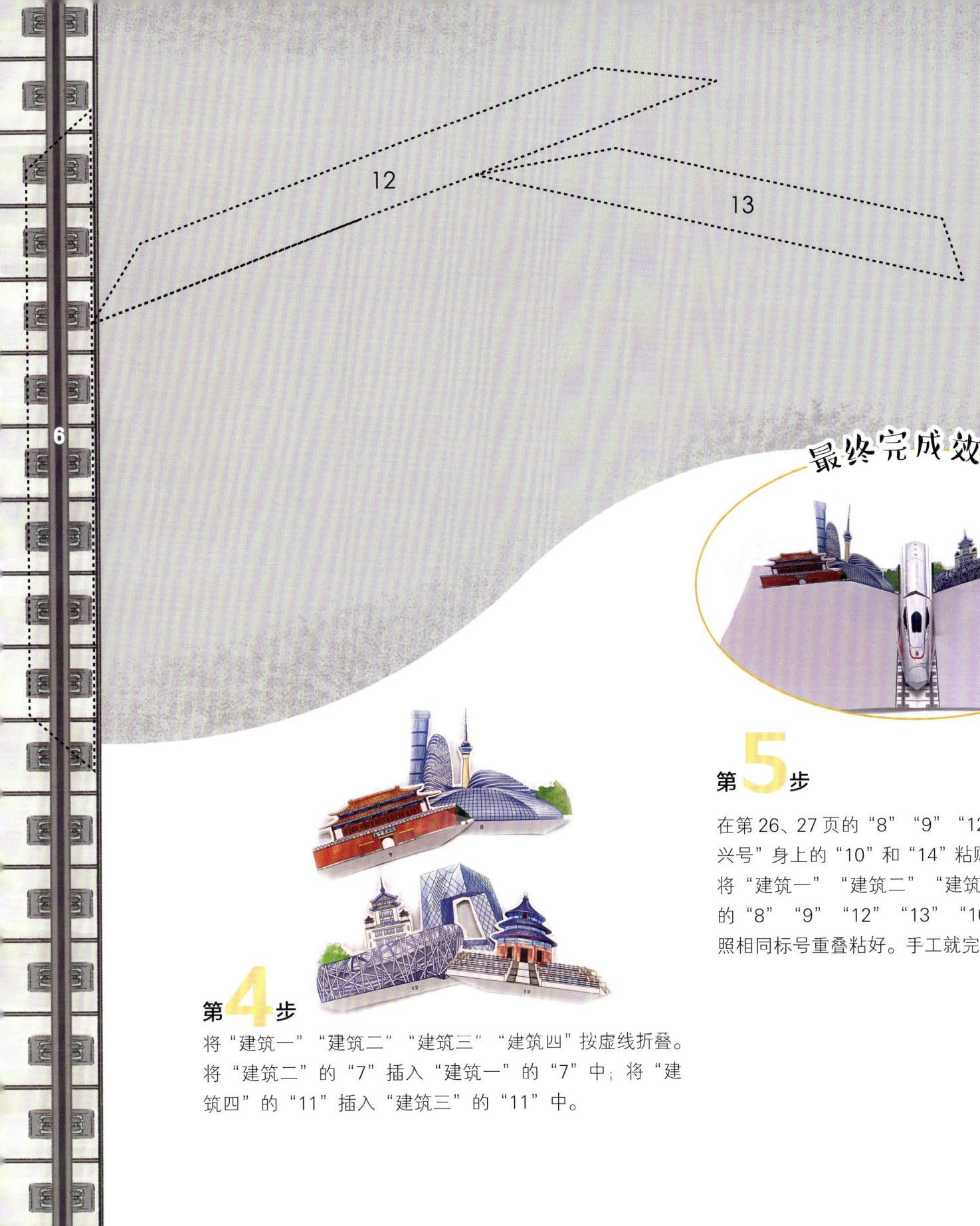

第4步

将"建筑一""建筑二""建筑三""建筑四"按虚线折叠。将"建筑二"的"7"插入"建筑一"的"7"中;将"建筑四"的"11"插入"建筑三"的"11"中。

最终完成效果!

第5步

在第26、27页的"8""9""12""13"与"复兴号"身上的"10"和"14"粘贴位上涂上胶水,将"建筑一""建筑二""建筑三""建筑四"的"8""9""12""13""10"和"14"按照相同标号重叠粘好。手工就完成了。

"超级工程"的时空穿梭
中国车

中国火箭号（1881年）
中国最早的蒸汽机车。

前进型（1956年）
中国自主设计制造的第一台大功率蒸汽机车。

东方红1型（1959年）
中国自主设计制造的内燃机车。

韶山1型（1968年）
中国自主设计制造的第一台电力机车，其前身韶山号于1958年成功研制。

中华之星（2002年）
中国自行设计制造的第一列高速电力动车组。

和谐号CRH380A（2010年）
中国自主研发设计制造的最高运营速度为380千米/时的动车组。

复兴号CR400AF（2017年）
中国自主研发、具有完全知识产权的中国标准动车组。

复兴号CR400BF-C（2019年）
在世界上首次实现350千米/时自动驾驶。

建筑一　　7

建筑二

建筑三　　11　　7

建筑四　　11

建筑一

建筑二

建筑三

建筑四

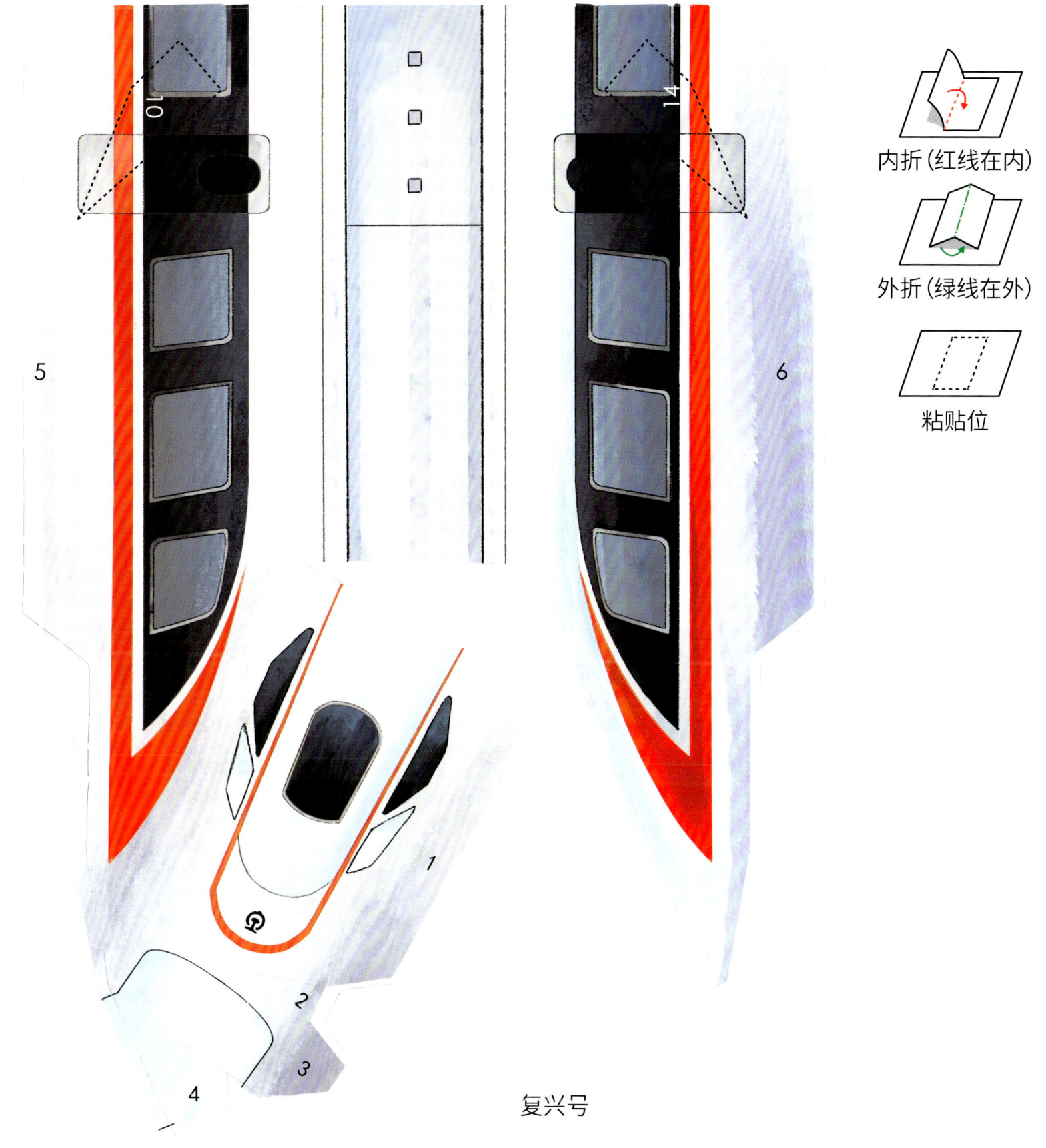

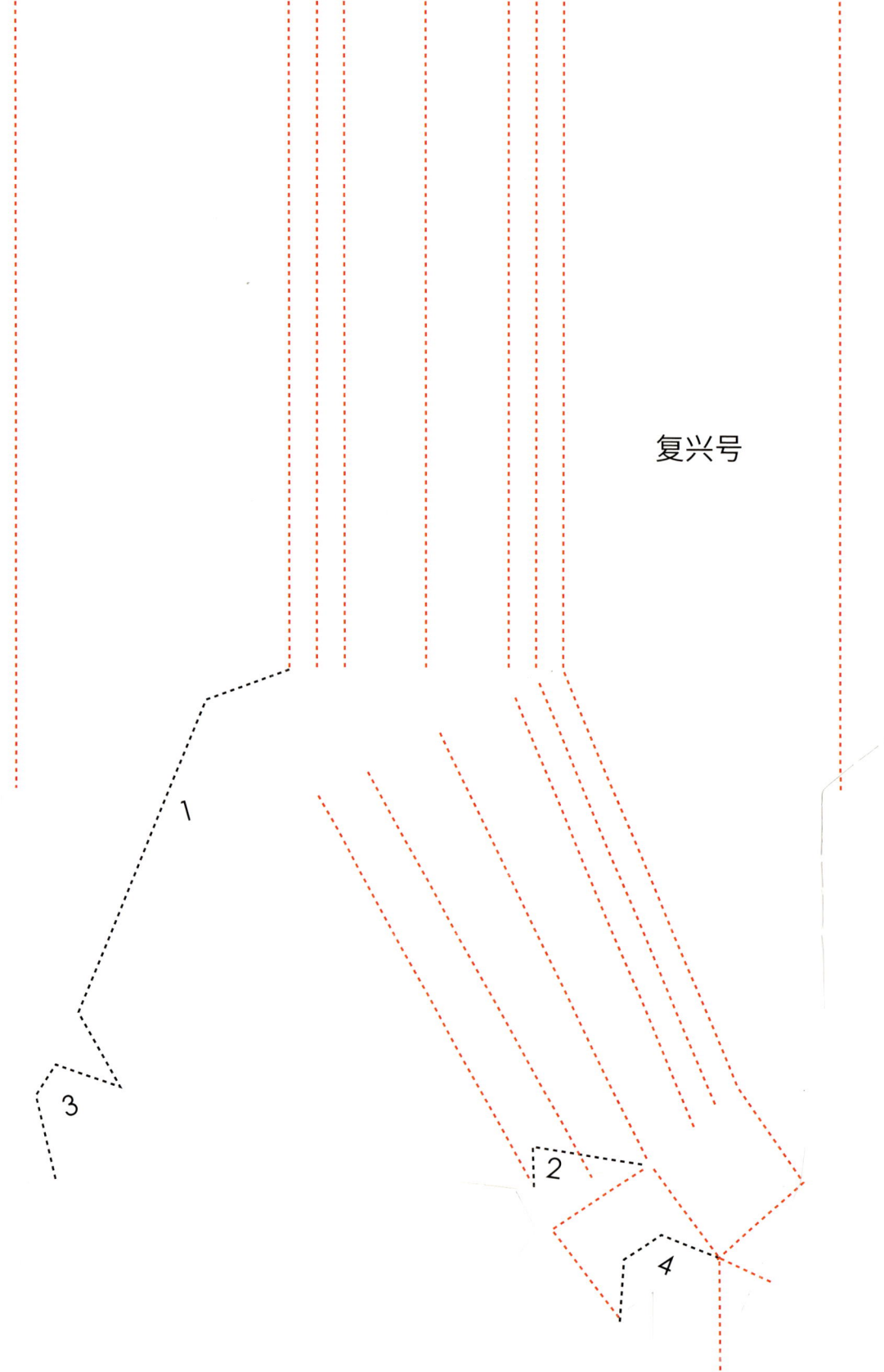
复兴号

快去博物馆看看吧

快看，上面有四只羊头呢！

你们看，上面有好多花纹，好漂亮啊！

它是做什么用的呢？

它的颜色怎么看上去有点儿丑？

献给神灵的礼器

起初，人们认为尊是商朝人用来盛酒的杯子。但四羊青铜方尊足足有半米多高，而且很重，根本没法儿拿在手里当成酒杯用。专家认为，像这种大型的青铜尊，应该是祭祀时使用的礼器。人们把美酒倒进青铜尊里，希望升腾的酒气能飘到天上的神灵那里。

金灿灿的颜色

别看四羊青铜方尊现在是平淡的黑绿色，在它刚被制作出来的时候，其实是金灿灿的，甚至可以跟黄金相媲美呢！之所以变成现在的颜色，是因为青铜器在地下埋了几千年，早就生锈啦！

美到极致的工艺

凑近看，我们能看到四羊青铜方尊的表面装饰着很多花纹，不过整件器物最突出的还是器身上的四只卷角羊！瞧，羊的头和脖子从青铜尊上伸了出来，粗壮的羊角向内卷，大大的眼睛炯炯有神，就连羊的面部也布满了精细的花纹，显得灵动而柔美。

作为图腾的羊

商朝人为什么要把羊铸造在青铜尊上呢？其实，商朝人很擅长驯养家畜，羊是他们最喜欢的动物之一。而且，那时候的人们认为动物是神灵的象征，在青铜器上雕刻羊也表达了商朝人对神灵的崇敬，祈求美好的生活。

尊有盖子吗？

在考古发掘中，人们发现有些青铜尊是有盖子的，比如在三星堆遗址出土的顶尊跪坐人像。瞧，青铜小人儿的双手就捧着一个带盖的铜尊呢！你猜，四羊青铜方尊会不会也曾经有一个精美的盖子？

穿越历史看国宝

重兵把守的青铜作坊

商朝后期,商朝人的青铜铸造水平越来越高超,他们不仅能铸造更大、更精美的青铜器,还会装饰更复杂、更精美的花纹。这些青铜器是商朝贵族使用的,青铜铸造技术也就成了不可外传的秘密。瞧,商王的青铜作坊里有重兵把守,普通人可不许进来偷看呢!

商朝时期,大部分青铜器都是商朝人用来祭祀的礼器,只有很少一部分作为日常用品。这些青铜礼器种类齐全,铸造精良,不少都装饰着动物的图案,比如羊、牛、鸟,甚至还有商朝人想象中的各种神兽。商朝人相信,用这样的青铜器来祭祀,就可以取悦神灵,获得庇佑。

工匠们在挖井开采铜矿。这些蓝绿色的石头是铜矿石，经过冶炼后就能得到铜。

制模就是用黏土做出器物的造型。等模烘焙变坚硬后，再制作包裹模的范，以及形成模内部空腔用的芯。

青铜器的主要原料是铜、锡和铅。商朝人会把各种金属混合加热，做成青铜溶液，然后就能铸成青铜器了。

把范和芯捆紧，再用泥浆包裹。留出一个浇注口，就可以灌入青铜溶液了。

小狐狸的参观日记

星期六

上周我参观的后母戊鼎虽然很大，不过上面没有太多的图案，我觉得不是特别好看。爸爸答应我，下次要带我去看"最美青铜器"。今天我终于见到它了，它是一个有四只羊头的青铜器，羊角卷卷的，看起来就像真的一样！爸爸说，它叫四羊青铜方尊，是商朝青铜方尊中体形最大的，据说比我还重呢！

想着想着，我竟然来到了商朝的青铜作坊。进去之后，我发现有好几个工匠正用黏土做羊头呢！爸爸告诉我，一些体形巨大、结构复杂的青铜器需要先分别铸造出器物的各个部分，再把它们拼接在一起，四羊青铜方尊就是这样铸造而成的。爸爸还带我去看了刚做好的青铜器，真没想到，它们竟然是金色的，而且还在闪闪发光呢！

青铜纵目面具

国宝小档案

距今三千多年前,中原地区处于殷商时期,而在偏远的西南地区,神秘的古蜀文明正蓬勃发展。在三星堆遗址中,人们发现了许多古蜀人制造的青铜面具,这件青铜纵目面具是其中造型最独特、最宏伟壮观的。它有一双如圆柱般高高凸出的眼睛,一对又长又大的耳朵。它炯炯有神地注视着我们,展现出古蜀人非凡的创造力,诉说着古蜀人对神灵的崇拜。

【名称】
青铜纵目面具

【时代】
商朝(约公元前1600—前1046年)

【尺寸】
宽138厘米,高66厘米

【材质】
青铜

【收藏地】
三星堆博物馆(四川省广汉市)

"千里眼"和"顺风耳"

你看,这个面具的样子是不是很奇特?它的眼睛向外凸出,耳朵向两侧展开,像神话中拥有"千里眼"和"顺风耳"的神灵,又像一个外星人。专家认为,无论是青铜人面具上凸出的眼睛,还是青铜人头像上的大眼睛,都表达了古蜀人对眼睛的崇拜!

青铜人面具　　青铜人头像　　戴金面罩青铜人头像

快去博物馆看看吧

天哪,这么大的面具怎么戴呀?

快看,它的眼珠是凸出来的,像螃蟹一样。

它看起来好奇怪,不会是外星人吧?

它好像在咧嘴笑呢!

眼睛凸出的古蜀王

大诗人李白在《蜀道难》一诗中写道"蚕丛及鱼凫,开国何茫然",这句诗中的"蚕丛"就是古蜀国的祖先。传说,蚕丛是黄帝和嫘祖的后代,眼睛向外凸出。他所在的古蜀国地处成都平原,气候温和,适合养蚕,蚕丛就带领人们养蚕织丝。

爱打扮的古蜀人

古蜀人很爱打扮,他们的发型十分讲究,主要有辫发和笄(jī)发。辫发就是把头发编成一条麻花辫,笄发就是把头发梳成发髻,然后用发笄固定住。不同的发型还搭配不同的帽子和发冠,古蜀人一定要花很多时间打理头发吧?据说,不同的发型代表不同的身份呢!

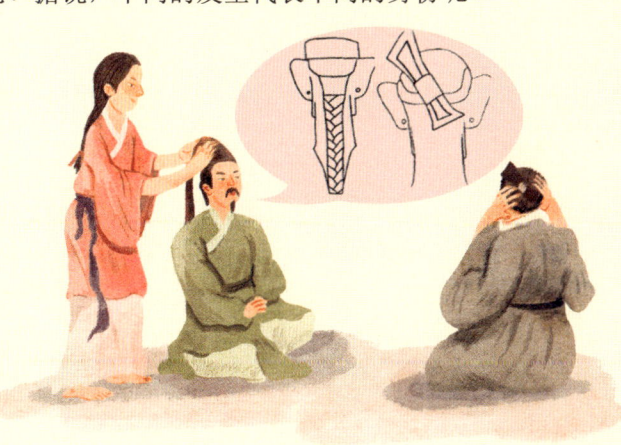

古蜀人的模样

爱戴面具的古蜀人到底长什么样子呢?三星堆遗址中还真的出土了一尊跟真人差不多大的青铜立人像,它头戴高冠、身穿三层衣服,笔直地站在高高的台子上,手里似乎还抱着什么。人们推测,他是当时的大巫师或者国王。

通天神树

除了眼睛以外,古蜀人也十分崇拜树。他们制作出各种规模巨大的青铜神树,有的甚至有四米多高,上面还有栩栩如生的小鸟和果实呢!

穿越历史看国宝

神秘繁荣的古蜀国

在古蜀国,参加祭祀典礼是一件非常重要的事情。这一天,人们会提前杀好牛、羊作为祭品,并且用双手高举着青铜器,希望神灵能听到自己的愿望。看,典礼开始了,在国王的带领下,人们虔诚地跪在地上,对天地神灵进行祭拜。

在古蜀文化中,青铜器和金器是用来祭祀和沟通神灵的,可是,古蜀人打造的青铜人像和纯金面具实在是太独特了,总让人联想到外星人。更神秘的是,古蜀王国繁荣了一段时间后却突然消失了,谁也不知道当时发生了什么。

当时，只有身份高贵的人才可以戴面具。据说，黄金面具是其中最尊贵的。

珍贵的象牙、青铜器、金器等都是古蜀先民献给神灵的神圣祭品。

小狐狸的参观日记

星期六

爸爸说，今天要去看的这件国宝一定会让我大吃一惊。天哪，这还是我第一次见到这么大的面具！

它叫青铜纵目面具，有一双凸出来的眼睛，一对张得大大的耳朵，哪有人能戴得上啊？

想着想着，我的眼前突然出现了一群跪在地上的人，他们有的举着青铜器，有的举着大象牙，有的还戴着面具，这是在干什么？爸爸说，这里是古蜀国，国王正带着人们举行祭祀典礼。人们把青铜器举得高高的，是为了更接近神灵，让神灵听到自己内心的愿望。往前走了走，我还看到了那个巨大的青铜纵目面具，我好想问问古蜀国的人们，外星人乘飞船来过古蜀国吗？这些面具是不是根据外星人的样子铸造的呢？

"利"青铜簋（guǐ）

西周
公元前 1046—前 771 年

【名称】
"利"青铜簋

【时代】
西周（公元前 1046—前 771 年）

【尺寸】
高 28 厘米，口径 22 厘米，方座长、宽 20.2 厘米

【材质】
青铜

【收藏地】
中国国家博物馆（北京市）

国宝小档案

商朝晚期，纣王昏庸无道，百姓苦不堪言。周武王联合其他诸侯，一路攻打到商朝的朝歌（今河南省鹤壁市）城下，最终灭掉商朝，建立了西周。然而历史太久远，人们不知道那场战争到底是什么情况，直到"利"青铜簋被发现。它的内底铸有一篇重要的铭文，准确记载了周武王伐纣这一历史事件。这件国宝不仅体现了西周早期高超的青铜铸造水平，而且还记录了商、周两个王朝的更替，被誉为"镇国之宝"。

快去博物馆看看吧

怪兽来啦！

瞧，"利"青铜簋的腹部和底座上都出现了饕餮纹。这种纹饰在青铜器上显得特别威严，是青铜器上常见的纹饰。传说龙生九子，饕餮便是其中之一，特点是非常贪吃。

青铜器上常见的饕餮纹

纪念荣耀的宝贝

周人为什么会制作"利"青铜簋，还用它来记载当时的战争呢？其实，在周武王伐纣胜利以后，一个叫"利"的官员因为征战有功，获得了周武王赏赐的铜料。"利"实在是太高兴了，就用这些铜料铸造了这件簋，记载了这场战争的胜利，并且用它来祭祀自己的祖先。

簋是什么？

"利"青铜簋的"簋"字难写又难认，但其实它并不是一个多么复杂的器物。簋就是一种容器，用来装煮熟的粮食，商朝人把煮好的粮食放进精美的青铜簋，献给敬爱的祖先或者神灵。

周武王伐纣的证据

你知道吗？"利"青铜簋之所以被誉为"镇国之宝"，秘密就藏在它的"肚子"里。仔细瞧，青铜簋腹内的底部铸有一篇三十二字的铭文，记载了周武王伐纣的历史事件。有的专家甚至依据铭文，推算出商周决战的日期。

不能乱用的青铜器

西周时期，在宴会或祭祀等重大场合，人们会用鼎、簋等青铜器来盛放食物。簋装粮食，鼎放肉。这些青铜器在使用时还有数量的限制呢！按照当时的规定，天子能用九鼎八簋，诸侯七鼎六簋，大夫五鼎四簋……而平民百姓是不允许使用青铜器的。

纣王荒淫残暴，残害忠良，商朝的士兵们甚至不愿为商王打仗。

周人相信"天"，认为"天"可以听到人民的声音，让有德行的人成为统治者。

穿越历史看国宝

周武王伐纣

公元前1046年，周武王带领军队来到牧野（今河南省新乡市），准备与商朝展开最后的决战。纣王得知消息，赶紧带兵迎战，可是周国的士兵英勇无比，刚一交战，就把纣王的军队打得丢盔弃甲，落荒而逃。纣王无可奈何，只能狼狈地逃回朝歌，在鹿台放火烧死了自己。

周原本是一个弱小的部族，周人擅长农耕，在公刘、公亶（dǎn）父等先祖的带领下，几次迁徙，终于找到适合耕种和定居的地方，逐渐将周发展壮大成一个强大的国家。后来，周人实在无法忍受残暴的纣王，在周武王的率领下，一举灭掉商朝，建立了周朝，史称西周。

当时的战车大多是轻巧的双轮车，士兵的常用兵器有弓箭、戈、矛等。

周武王伐纣时，三千虎贲是周国军队的主力。它是由贵族子弟组成的，虽然人数不多，但战斗力很强，相当于现在的特种部队。

士兵们穿着皮质的甲胄，就像穿了一层防弹衣，能更好地保护自己。

哪边是周国的军队呀？

纣王不得人心，最后还是周国赢得了这场战争的胜利！

小狐狸的参观日记

星期六

今天，爸爸还要带我去看青铜器。我不明白，为什么商周时期有这么多青铜器呢？爸爸说，当时的工匠已经掌握了青铜器制作的方法，制作工艺也非常高超，所以那个时候有很多青铜器。今天我看到的这个青铜器叫"利"青铜簋，爸爸说，它是一件非常重要的国宝，因为它的"肚子"里刻着一些文字，记录了一场著名的大战——牧野之战。

忽然，我听到了鸟的鸣叫声，人们的呐喊声，还有混乱的打斗声，天哪，我竟然来到了一个战场上。爸爸带我们躲在大石头后面，他说这里就是牧野，是商周决战的地方。我偷偷探出头，看到英勇的周国士兵大喊着向前冲锋，把敌人吓得屁滚尿流，丢了武器就往回跑。我猜，最后一定是周国人打赢了！

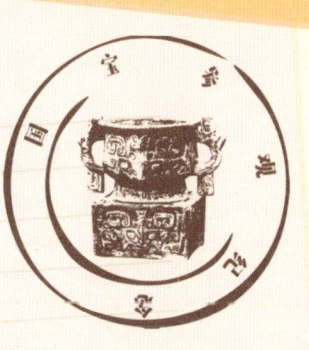

为孩子讲好每一个东方故事

  狐狸家,东方文化儿童教育品牌,秉持着"一切皆原创"的理念,致力于为孩子讲好每一个东方故事。狐狸家唯愿中国儿童爱上母体文化,学会感时、惜物、得体,学会一世从容的做人风范。

  这是一套给孩子"沉浸式体验"的中国文物百科全书,通过80件耳熟能详的国宝,勾勒出五千年中华文明的面貌。全书借由狐狸爸爸的导览之旅,带领孩子们经历馆内观察、穿越历史、日记回顾等学习环节,让他们沉浸到宏大而鲜活的历史长河中,不仅记住每件国宝的独特档案,更体会文物背后的历史深意。

总 策 划:阮凌

绘　　画:潘小可

特约策划:许芳

特约美编:胡婕

装帧设计:丁运哲